AF336974

GOUVERNEMENT GÉNÉRAL DE L'ALGÉRIE

ORGANISATION DES SERVICES

DE

PROTECTION DE LA SANTÉ PUBLIQUE

EN ALGÉRIE

LA SANTÉ MARITIME D'ALGER

ALGER
IMPRIMERIE ADMINISTRATIVE ÉMILE PFISTER

1922

HYGIÈNE PUBLIQUE

—

SERVICE DE PROTECTION DE LA SANTÉ PUBLIQUE

—

La défense sanitaire d'un pays a pour but, d'une part, d'empêcher l'introduction, dans ce pays, des maladies exotiques par l'organisation d'une surveillance étroite sur les frontières de terre et de mer ; d'autre part, d'éviter leur propagation dans le cas où, malgré les précautions prises aux frontières, ces maladies pénétreraient dans l'intérieur du territoire ; enfin, elle doit poursuivre la disparition des affections particulières au pays, ou tout au moins l'atténuation de leur virulence, par l'application des mesures prophylactiques appropriées et l'adoption des méthodes d'hygiène répondant le mieux aux données actuelles de la science.

Service Sanitaire Maritime

Indépendamment de la loi de 1822 applicable de plano à l'Algérie, la protection du littoral est réglementée par le décret du 4 janvier 1896, modifié et complété par une série de textes, notamment par un décret du 26 novembre 1921. Cette législation est commune à la Métropole et à l'Algérie.

Le littoral algérien a été divisé en trois circonscriptions correspondant aux trois départements : à leur tête se trouvent trois directeurs, docteurs en médecine, qui résident à Alger, Oran et Bône. Un agent principal, médecin aussi, a été affecté au port de Philippeville. Dans les directions, le personnel comprend des médecins de la santé, des capitaines, gardes, mariniers et mécaniciens ; dans les ports moins importants, le service est confié au personnel de la Douane.

En vue de coordonner les efforts des différents services chargés de la protection de la santé publique et d'unifier la direction, un arrêté du 19 février 1906 les a placés sous le contrôle du directeur de la Santé de la circonscription d'Alger. Ce chef de service est devenu par la suite l'inspecteur général des Services de l'hygiène et de la santé publiques.

Le rôle de l'inspecteur général est de contrôler l'organisation et le fonctionnement de tous les services d'hygiène et du service sanitaire maritime; de s'assurer de l'application des dispositions du décret du 5 août 1908, de centraliser tous les renseignements sanitaires de la Colonie et de donner des directives dans la lutte contre les épidémies.

Des stations sanitaires comportant le matériel nécessaire aux désinfections des navires, marchandises et passagers ont été organisées dans les ports d'Oran, Alger et Bône; de plus, le Lazaret de Matifou, à l'extrémité de la baie d'Alger, est réservé pour les quarantaines, soit des pèlerins indigènes à leur retour de la Mecque, soit des navires et passagers infectés.

Mouvement des navires de provenance contaminée dans le port d'Alger, de 1892 à 1921 inclus

La surveillance des navires d'Orient, particulièrement infectés de choléra, a toujours été l'objet d'une attention spéciale. En 1892, elle a porté sur 304 navires, chiffre descendu à 24 en 1895, pour remonter les années suivantes progressivement en raison de la peste et du choléra signalés en Extrême-Orient (Chine, Indes) et atteindre un maximum de 946 en 1910 (choléra en mer Noire, Italie et Tunisie) et redescendre à 0 en 1918. Le total des navires suspects passés à Alger et surveillés par le Service sanitaire maritime dans cette période de 1892 à 1921 est de 8.094.

A la suite d'une épidémie de peste survenue en 1907 dans les principaux ports de la Colonie, une organisation de *surveillance sanitaire des rongeurs* a été décidée et confiée au Service sanitaire maritime. La dératisation permanente, méthodique, se pratique dans toutes les voies maritimes ; l'examen bactériologique des rats est pratiqué dans des laboratoires spéciaux, à Alger, Oran, Bougie, Philippeville, Bône et La Calle. Outre le personnel local affecté à ce service dans chaque port, une brigade mobile, composée d'un capitaine et de deux gardes, en résidence à Alger, peut être appelée à porter son effort sur un point menacé et former de nouvelles équipes de fortune.

Le résultat de la dératisation, en ne considérant que les captures par nasses — car la lutte se poursuit par tous les procédés de destruction — se traduit ainsi :

De juin 1908 à janvier 1922, on a capturé :

Dans le département d'Alger........... 411.699 rats
—   d'Oran............ 181.344 »
—   de Constantine... 182.016 »

Total.......... 775.050 rats

Les principales espèces de rats, sont le *Decumanus*, plus fréquent à Alger que dans les autres départements, le *Rattus* qui règne dans le département d'Oran, enfin l'*Alexandrinus* qu'on rencontre surtout dans le département de Constantine avec le *Musculus* (souris).

Le Service sanitaire maritime a été aussi chargé de la protection du territoire contre la variole. En effet, en exécution du décret du 27 mai 1904, rendant obligatoire, en Algérie, la vaccination et la revaccination, un arrêté du Gouverneur général pris au cours de 1908 a prescrit jusqu'à nouvel ordre la vaccination des immigrants, au moment de leur débarquement, s'ils ne justifient pas qu'ils ont été vaccinés ou revaccinés dans les conditions prévues par le décret. Depuis cette époque, les grosses épidémies de variole ont disparu.

Vaccination des immigrants

De juillet 1907 à janvier 1922, il a été vacciné :

Immigrants	Espagnols	236.371 }	particulièrement dans les ports :
id.	Marocains	153.688 }	du département d'Oran
id.	Français	131.949 }	du département d'Alger
id.	Italiens	24.583 }	
id.	divers	14.883 }	du département de Constantine

Total.... 561.474

Protection du Territoire

Le décret du 5 août 1908 a rendu applicable à l'Algérie la loi du 15 février 1902 sur la protection de la santé publique. En 1911, les villes d'Oran, d'Alger et de Constantine possédaient un bureau d'hygiène, et les trois départements avaient créé chacun un service d'hygiène.

Dans les départements d'Alger et d'Oran, le directeur du Service sanitaire maritime a été désigné par le Préfet pour diriger le service départemental d'hygiène; dans le département de Constantine, c'est le directeur du bureau d'hygiène qui a été nommé inspecteur départemental. Ainsi s'est trouvé réalisé à peu de frais et avec un personnel expérimenté et entraîné, un service qui surveille à la fois les provenances maritimes et protège le territoire contre les maladies.

Dans les régions sahariennes ou Territoires du Sud, le contrôle sanitaire est assuré par un médecin principal, directeur du Service de santé des Territoires du Sud. Il a sous ses ordres des médecins militaires et du personnel du Service de santé, qui sont répartis dans les garnisons sahariennes, et qui, outre le service des garnisons, des convois et des colonnes, sont chargés des soins à la population indigène. A côté des infirmeries de garnison, existe donc tout un service médical indigène, avec infirmeries et consultations, analogue au même service fonctionnant dans le Nord. Le directeur du Service de santé des Territoires du Sud relève, au point de vue militaire, du médecin inspecteur, directeur du Service de santé du 19e Corps, et au point de vue de l'assistance indigène, du Gouverneur général.

La fréquence de la variole et du typhus parmi les populations sahariennes, qui pour la plupart sont nomades et transhument périodiquement vers les pâturages des Territoires du Nord, a déterminé l'administration à établir une liaison directe entre les chefs des Services d'hygiène du Sud et du Nord.

Cette liaison a été aussi établie entre le Service de santé de l'armée et les Services d'hygiène civils du Nord. Les inspecteurs départementaux d'hygiène d'Alger, Oran et Constantine sont en relations journalières avec les directeurs divisionnaires du Service de santé; ils se communiquent réciproquement tous les renseignements d'ordre sanitaire parvenus à leur connaissance. Pendant la guerre, les inspecteurs départementaux avaient été chargés des fonctions de conseillers techniques sanitaires auprès du Service de santé; par décision du Ministre de la Guerre en 1919, ces fonctions leur ont été maintenues, et sur invitation du directeur du Service de santé, ces médecins peuvent enquêter dans des établissements militaires et donner leur avis sur les mesures à prendre, soit contre une épidémie menaçante, soit au sujet d'améliorations à apporter aux locaux.

Le Service de santé de l'Armée adresse tous les dix jours, à l'inspecteur départemental, le relevé des cas de maladies contagieuses observées dans la population militaire de la division ; il reçoit, en échange, les mêmes renseignements portant sur la population civile. Une relevé décadaire est publié par l'inspection générale des Services d'hygiène, portant sur les maladies épidémiques des trois départements et des trois divisions; il y est ajouté les renseignements parvenus des protectorats de Tunisie et du Maroc.

Enfin, mensuellement, paraît depuis 1906, un « Bulletin Sanitaire » qui est adressé à toutes les autorités sanitaires, aux médecins militaires, aux médecins des hôpitaux, aux médecins de colonisation et aux médecins communaux; il contient la situation sanitaire du mois au point de vue peste, choléra et fièvre jaune, renseignements utiles pour les ports, la situation sanitaire de la Colonie, les arrêtés, décrets, lois relatifs à la santé publique, et des résumés de tout ce qu'il peut être intéressant de connaître en hygiène. Ce Bulletin est échangé encore avec l'Office international d'hygiène (Paris) et le bureau sanitaire de la Société des Nations (Genève); il maintient aussi la liaison avec la Direction de l'assistance et de l'hygiène de la Tunisie, et le Service de santé et d'hygiène du Maroc.

Entre ces pays et l'Algérie, des renseignements statistiques sont échangés régulièrement, l'apparition des cas épidémiques est signalée immédiatement entre les chefs de service et aussi entre les médecins placés de chaque côté de la frontière. De plus, des organisations défensives, postes sanitaires avec moyens d'épouillage et d'hébergement, ont été installées en vue de restreindre les dangers de contagion et de lutter contre les épidémies si fréquentes parmi les populations nomades de ces régions.

Lutte contre les maladies contagieuses

La *Peste* a été importée à diverses reprises sur le littoral algérien par des rats arrivant sur des navires d'Extrême-Orient. Les ports de la Méditerranée, une grande partie de ceux de l'Europe et de l'Amérique ont aussi été visités par cette maladie. Les mesures prises par le Service sanitaire maritime, et dont la principale est la destruction méthodique et l'examen sanitaire des rats, a permis de réduire au minimum le danger de la peste.

A part l'épidémie de 1907 qui a touché à peu près tous les ports algériens, on ne constate guère chaque année que des cas isolés de la maladie.

Le *Choléra*, de son côté, a fait quelques apparitions en Algérie, notamment au cours de l'année 1911. Menacée du côté de l'est, l'Algérie se prémunit aussitôt.

Des mesures furent prises en vue d'organiser des locaux d'isolement éventuels dans chaque commune. Au chef-lieu de chaque département fut préparée une ambulance mobile avec l'outillage nécessaire pour soigner et désinfecter malades et suspects. Dans chaque commune furent déposés des flacons à prélèvements avec notice indiquant comment y procéder et à quel laboratoire envoyer les produits suspects à analyser. Les laboratoires de l'Institut Pasteur d'Alger et des hôpitaux militaires d'Oran et de Constantine furent désignés pour ces recherches.

En novembre 1911 et en février 1912, une cinquantaine de cas furent déclarés dans le département de Constantine et rapidement isolés. La méconnaissance des premiers cas et la négligence des autorités à Tlemcen déterminaient en 1912 dans cet arrondissement une épidémie qui se répandit, peu à peu, sur les communes de Bel-Abbès, Saint-Denis-du-Sig, Perrégaux, Arzew, Mascara, Marnia. Les mesures prises dès que le fait fut connu, amenèrent en quelques semaines la cessation de l'épidémie.

Depuis cette époque, aucun autre cas n'a été signalé, mais les mesures prises en 1912 restent prêtes à être de nouveau déclanchées.

Typhus exanthématique. — Cette affection est endémique dans le nord de l'Afrique; chaque année des cas isolés sont signalés, particulièrement dans les tribus kabyles. Bénigne dans le bas âge, elle vaccine la population indigène des campagnes, mais si la disette vient à frapper une région, les indigènes émigrent vers les villes pour y cher-

cher des secours et y répandent l'affection qui fait de grands ravages sur des individus non immunisés par des atteintes antérieures.

Les plus importantes épidémies de typhus qui se sont déclarées depuis la conquête française sont celles de 1867-68 et de 1909-1910 et 1911. Enfin, l'année 1921 a vu éclore une pandémie fort grave, préparée, comme dans les circonstances antérieures, par une situation économique exceptionnelle.

Deux années de sécheresse, des épizooties sur les troupeaux des nomades sahariens, une crise financière qui a retenti sur nos sujets musulmans, ont amené, pendant l'hiver de 1920-21, la misère dans certaines régions de l'Algérie, accompagnée d'une éclosion de typhus.

L'administration a pris ses dispositions pour combattre le mal; les miséreux ont été ravitaillés, des chantiers de charité ont été organisés, des lazarets ont été ouverts pour soigner les malades et épouiller les suspects. Mais la lutte a été rendue très difficile par l'impossibilité de restreindre la circulation des mendiants. Ceux-ci ont créé des foyers partout où ils se sont présentés et ils ont contaminé des agglomérations qui avaient toujours été indemnes ; de nombreux européens, des fonctionnaires, notamment le personnel sanitaire en contact constant avec les indigènes, ont été touchés, et un certain nombre ont succombé.

Le chiffre des cas de typhus recensés s'est élevé à près de 7.000 avec 1.500 décès. Une étude de la mortalité, d'octobre 1920 à octobre 1921, pour les seuls départements d'Alger et d'Oran, en y comprenant les territoires du Sud correspondants, comparés à ceux d'une année normale, montre un important excédent de décès attribuables, en partie tout au moins, à la misère et à ses conséquences (typhus, froid, consomption, cachexie, etc...). Mais, si l'on se reporte aux calamités du même genre qui, périodiquement, ont frappé l'Afrique du Nord, et dont l'une des plus effroyables, survenue depuis notre occupation — la famine de 1867-1868 — a provoqué près de 300.000 décès dans le seul département d'Alger, on est forcé de reconnaître le résultat des efforts accomplis par notre organisation.

Après accord avec le protectorat marocain, une ligne de postes sanitaires a été disposée de part et d'autre de la frontière pour assurer, s'il y a lieu, la visite et la désinfection de ceux qui passent; des postes semblables sont installés sur les points de passage des nomades et des ouvriers agricoles et dans les communes qui ont été particulièrement touchées par l'épidémie. Des organisations mobiles ont été prévues pour porter l'effort sur les points menacés.

Maladies chroniques. — La lutte contre la *syphilis* est poursuivie dans les hôpitaux et infirmeries indigènes de la Colonie; des crédits ont été accordés par le Gouvernement général pour permettre la distribution gratuite de médicaments aux indigents. Dans les hôpitaux civils d'Oran et de Constantine existent des cliniques antisyphilitiques; à Alger, outre la clinique dermato-syphiligraphique de la Faculté, le Gouvernement général a créé, il y a vingt ans, une consultation gratuite à l'hôpital de Mustapha pour les maladies vénériennes. La ville d'Alger a organisé un dispensaire pour les filles publiques, une infirmerie pour les hommes et une clinique antisyphilitique.

L'ophtalmie granuleuse est aussi l'objet de la sollicitude du Gouvernement général. Des services spéciaux existent dans les grands hôpitaux; des consultations pour les malades non hospitalisés ont été créées par la Colonie et certaines communes.

L'administration se préoccupe de généraliser encore plus l'effort en le portant au centre même des populations indigènes.

La Teigne se rencontre en Algérie, surtout dans la population scolaire qui présente souvent le tricophyton. Une organisation de traitement par les rayons X est actuellement à l'étude.

La lutte contre la tuberculose en Algérie, comme dans la Métropole, a été laissée jusqu'ici à l'initiative d'associations privées : deux œuvres ont été créées : un *dispensaire* et une *filiale de l'Œuvre Grancher* à Alger. Ces œuvres bénéficient de l'aide de l'administration, mais celle-ci estimant que cet effort est insuffisant eu égard aux dangers que crée la propagation de la tuberculose, a compris la construction de sanatoria dans les projets à réaliser au moyen de fonds à provenir du prochain emprunt.

SERVICE SANITAIRE MARITIME

PERSONNEL

PORTS	supérieur	Nombre	d'exécution	Nombre	subalterne	Nombre	dératiseur	Nombre
I. — a. — Circonscription d'Alger								
Alger	Directeur	1	Capitaines de la Santé	3	Patron marinier	1	Chef dératiseur	1
	Médecins visiteurs	2	Gardes principaux	3	Mariniers	4	Deratiseurs	2
	Médecin bactériologiste	1	—	»	Mecaniciens	2	Incinérateur	1
b. — Lazaret de Matifou								
	—	»	—	»	Mariniers	2	—	»
	—	»	—	»	Journalier	1	—	»
c. — Personnel des Douanes ffons d'Agents sanitaires								
Tènes	Médecin visiteur	1	Brigadier, Sous-Agent sanit.	1	—	»	—	»
Dupleix	—	»	id.	1	—	»	—	»
Gouraya	Médecin visiteur	1	id.	1	—	»	—	»
Cherchell	id.	1	id.	1	—	»	—	»
Tipaza	—	»	id.	1	—	»	—	»
Castiglione	—	»	id.	1	—	»	—	»
Dellys	Médecin visiteur	1	id.	1	—	»	—	»
Port-Gueydon	id.	1	id.	1	—	»	—	»
Total par catégorie		9		14		10		4

PORTS	supérieur	Nombre	d'exécution	Nombre	subalterne	Nombre	dératiseur	Nombre
II. — a. — Circonscription d'Oran								
Oran	Directeur	1	Capitaines de la Santé	2	Patron marinier	1	Chef dératiseur	1
	Médecin de la Santé	1	Gardes principaux	2	Mariniers	2	Dératiseur	1
b. — Station de Mers-el-Kébir								
	—	»	—	»	Gardien	1	—	»
c. — Personnel des Douanes ffons d'Agents sanitaires								
Port-Say	Médecin visiteur	1	Brigadier, Sous-Agent sanit.	1	—	»	—	»
Honaine	id.	1	id.	1	—	»	—	»
Nemours	—	»	id.	1	—	»	—	»
Beni-Saf	—	»	id.	1	—	»	—	»
Cap Kélah	—	»	id.	1	—	»	—	»
Mers-el-Kébir	—	»	id.	1	—	»	—	»
Arzew	Médecin visiteur	1	id.	1	—	»	—	»
Mostaganem	id.	1	id.	1	—	»	—	»
Total par catégorie		6		12		4		2
III. — a. — Circonscription de Constantine								
Bône (direction)	Directeur	1	Capitaine de la Santé	1	—	»	Dératiseur	1
	Médecin visiteur	1	Garde principal	1	—	»	—	»
	id.	1	—	»	—	»	—	»
Philippeville (ag. ppal.)	Agent principal	1	Brigadiers des Douanes	3	—	»	Dératiseur	1
b. — Personnel des Douanes ffons d'Agents sanitaires								
Bougie	Médecin visiteur	1	Brigadier, Agent et S.-Ag.	4	—	»	Dératiseur	1
Ziama-Mansouriah	—	»	Brigadier, Sous-Agent sanit.	1	—	»	—	»
Djidjelli	Médecin visiteur	1	id.	1	—	»	—	»
Collo	id.	1	id.	1	—	»	—	»
Stora	—	»	id.	1	—	»	—	»
Herbillon	—	»	id.	1	—	»	—	»
La Calle	Médecin visiteur	1	id.	1	—	»	Dératiseur	1
Total par catégorie		8		15		»		4

SERVICES DÉPARTEMENTAUX D'HYGIÈNE ET DE DÉSINFECTION

TABLEAU indiquant les Postes de désinfection et les Stations d'épouillage dans les trois Départements algériens

Département	Poste central	Poste principal	Poste secondaire et Dépôt	Délégué départemental	Délégué de circonscription	Contrôleur administratif	Chef de poste central agent général	Personnel de Préfecture	Personnel du Service sanitaire maritime	Chef de poste principal	Chef de poste secondaire	Mécanicien-chauffeur	TOTAL	Station d'épouillage
ALGER	ALGER	ALGER		1	»	1	1	1	7	»	»	1	12	
			Castiglione	»	»	»	»	»	»	»	1	»	1	
			Cherchell	»	»	»	»	»	»	»	1	»	1	
			Gouraya	»	»	»	»	»	»	»	1	»	1	
			Tipaza	»	»	»	»	»	»	»	1	»	1	
			Blida	»	»	»	»	»	»	»	1	»	1	
			Boufarik	»	»	»	»	»	»	»	1	»	1	
			Marengo	»	»	»	»	»	»	»	1	»	1	
			Ménerville	»	»	»	»	»	»	»	1	»	1	
		AUMALE		»	»	»	»	»	»	1	»	»	1	
			Aïn-Bessem	»	»	»	»	»	»	»	1	»	1	
			Bouïra	»	»	»	»	»	»	»	1	»	1	
			Palestro	»	»	»	»	»	»	»	1	»	1	
			Sidi-Aïssa	»	»	»	»	»	»	»	1	»	1	
			Tablat	»	»	»	»	»	»	»	1	»	1	
		BOU-SAADA		»	»	»	»	»	»	1	»	»	1	Bou-Saâda
		MÉDÉA		»	»	»	»	»	»	1	»	»	1	
			Boghar	»	»	»	»	»	»	»	1	»	1	
			Boghari	»	»	»	»	»	»	»	1	»	1	Boghari
			Berrouaghia	»	»	»	»	»	»	»	1	»	1	
			Chellala	»	»	»	»	»	»	»	1	»	1	Chellala
			Aïn-Oussera	»	»	»	»	»	»	»	1	»	1	
		MILIANA		»	»	»	»	»	»	1	»	»	1	
			Rouïna	»	»	»	»	»	»	»	1	»	1	
			Lavigerie	»	»	»	»	»	»	»	1	»	1	
			Teniet-el-Haâd	»	»	»	»	»	»	»	1	»	1	
		ORLÉANSVILLE		»	»	»	»	»	»	1	»	»	1	Orléansville
			Ténès	»	»	»	»	»	»	»	1	»	1	
			Beni-Hindel	»	»	»	»	»	»	»	1	»	1	
			Flatters	»	»	»	»	»	»	»	1	»	1	
			Rabelais	»	»	»	»	»	»	»	1	»	1	
		TIZI-OUZOU		»	»	»	»	»	»	1	»	»	1	
			Dellys	»	»	»	»	»	»	»	1	»	1	
			Port-Gueydon	»	»	»	»	»	»	»	1	»	1	
			Azazga	»	»	»	»	»	»	»	1	»	1	
			Boghni	»	»	»	»	»	»	»	1	»	1	
			Fort-National	»	»	»	»	»	»	»	1	»	1	
			Michelet	»	»	»	»	»	»	»	1	»	1	
			Maillot	»	»	»	»	»	»	»	1	»	1	
Totaux du personnel, département d'Alger				1	»	1	1	1	7	6	32	1	50	4

Département	Poste central	Poste principal	Poste secondaire et Dépôt	Délégué départemental	Délégué de circonscription	Contrôleur administratif	Chef du poste central agent général	Personnel de Préfecture	Personnel du Service sanitaire maritime	Chef de poste principal	Chef du poste secondaire	Mécanicien-chauffeur	TOTAL	Station d'épouillage
ORAN	Oran	Oran		1	»	»	1	»	3	»	»	1	6	
		Arzew		»	»	»	»	»	»	1	»	»	1	
		A.-Témouchent		»	»	»	»	»	»	1	»	»	1	Aïn-Témouchent
		Tlemcen		»	»	»	»	»	»	1	»	»	1	Tlemcen
			Béni-Saf	»	»	»	»	»	»	»	1	»	1	
			Sebdou	»	»	»	»	»	»	»	1	»	1	
			El-Aricha	»	»	»	»	»	»	»	1	»	1	
		Nemours		»	»	»	»	»	»	1	»	»	1	
			Nedroma	»	»	»	»	»	»	»	1	»	1	Nedroma
			Marnia	»	»	»	»	»	»	»	1	»	1	Marnia
		Sidi-bel-Abbès		»	»	»	»	»	»	1	»	»	1	Sidi-bel-Abbès
		Le-Télagu		»	»	»	»	»	»	1	»	»	1	Le-Télagh
		Mascara		»	»	»	»	»	»	1	»	»	1	Mascara
			Palikao	»	»	»	»	»	»	»	1	»	1	
		Saïda		»	»	»	»	»	»	1	»	»	1	Saïda
		Perrégaux		»	»	»	»	»	»	1	»	»	1	
			St-Denis-du-Sig	»	»	»	»	»	»	»	1	»	1	
		Mostaganem		»	»	»	»	»	»	1	»	»	1	
		Cassaigne		»	»	»	»	»	»	1	»	»	1	
		Relizane		»	»	»	»	»	»	1	»	»	1	Relizane
			Zemmorah	»	»	»	»	»	»	»	1	»	1	
		Tiaret		»	»	»	»	»	»	1	»	»	1	Tiaret
			Frenda	»	»	»	»	»	»	»	1	»	1	Frenda
			Trézel	»	»	»	»	»	»	»	1	»	1	Trézel
		Inkermann		»	»	»	»	»	»	1	»	»	1	
			Ammi-Moussa	»	»	»	»	»	»	»	1	»	1	Ammi-Moussa Aflou Montagnac
Totaux du personnel, département d'Oran				1	»	»	1	»	3	14	11	1	31	15
CONSTANTINE	Constantine	Constantine		1	»	»	1	»	»	»	»	»	2	
			Khenchela	»	»	»	»	»	»	»	1	»	1	
			Batna	»	1	»	»	»	»	»	1	»	2	
			Biskra	»	»	»	»	»	»	»	1	»	1	Biskra
			Bône	»	1	»	»	»	»	»	1	»	2	Bône
			La-Calle	»	»	»	»	»	»	»	1	»	1	
			Bougie	»	1	»	»	»	»	»	1	»	2	
			Akbou	»	»	»	»	»	»	»	1	»	1	
			Djidjelli	»	1	»	»	»	»	»	1	»	2	
			Guelma	»	1	»	»	»	»	»	1	»	2	
			Souk-Ahras	»	»	»	»	»	»	»	1	»	1	
			Tébessa	»	»	»	»	»	»	»	1	»	1	Tébessa
			Philippeville	»	1	»	»	»	»	»	1	»	2	
			Collo	»	»	»	»	»	»	»	1	»	1	
			Sétif	»	1	»	»	»	»	»	1	»	2	Sétif Mac-Mahon
Totaux du personnel, département de Constantine				1	7	»	1	»	»	»	14	»	23	5

RÉCAPITULATION

DÉPARTEMENTS		Délégué départemental	Délégué de circonscription	Contrôleur administratif	Chef du poste central agent général	Personnel de Préfecture	Personnel du Service sanitaire maritime	Chef de poste principal	Chef du poste secondaire	Mécanicien-chauffeur	TOTAL	Station d'épouillage
DÉPARTEMENTS	d'Alger	1	»	1	1	1	7	6	32	1	50	4
	d'Oran	1	»	»	1	»	3	14	11	1	31	15
	de Constantine	1	7	»	1	»	»	»	14	»	23	5
Totaux pour la Colonie		3	7	1	3	1	10	20	57	2	104	24

BUREAUX MUNICIPAUX D'HYGIÈNE

COMPOSITION DES BUREAUX D'HYGIÈNE DANS CHAQUE DÉPARTEMENT

DÉSIGNATION DES FONCTIONS	DÉPARTEMENT			TOTAUX
	d'Alger	d'Oran	de Constantine	
BUREAUX D'HYGIÈNE				
Docteur en Médecine, Directeur	1	1	1	3
Chef des Services administratifs	1	»	»	1
Inspecteur	1	2	»	3
Personnel de Bureau	3	2	3	8
Surveillants	5	»	»	5
DÉSINFECTION				
Contrôleur	»	2	1	3
Chef de poste	1	»	1	2
Désinfecteurs	3	2	1	6
Mécanicien	1	1	»	2
Chauffeur	2	1	»	3
RÉCAPITULATION				
Personnel des Bureaux d'Hygiène	11	5	4	20
Personnel de la désinfection	7	6	3	16
Totaux	18	11	7	36

www.ingramcontent.com/pod-product-compliance
Lightning Source LLC
LaVergne TN
LVHW051036060726
842524LV00007B/2848